SIE HABEN IHRE AIRPODS PRO! WAS NUN?

DAS LÄCHERLICH EINFACHE HANDBUCH FÜR DIE BENUTZUNG VON APPLES KABELLOSEN KOPFHÖRERN

SCOTT LA COUNTE

RIDICULOUSLY
SIMPLE BOOKS

ANAHEIM, CALIFORNIA

www.RidiculouslySimpleBooks.com

Haftungsausschluss*: Bitte bemerken Sie, dass dieses Buch nicht von Apple, Inc. Unterstützt wird, obwohl die Richtigkeit dieser Publikation mit den größten Mühen sichergestellt wurde.*

Inhaltsverzeichnis

EINLEITUNG

Im Jahr 2016 hat Apple die Apple AirPods herausgebracht - kleine drahtlose Headsets, die ohne Kabel in Ihr Ohr passen. Das Gerät war ein sofortiger Erfolg.

Im Jahr 2019 wurde die zweite Generation mit einer besseren Akkulaufzeit und einem kabellosen Gehäuse herausgebracht. Erst später im gleichen Jahr begannen sich die Dinge wirklich zu ändern, als Apple den AirPod Pro herausbrachte. Die Pro Line von 2019 bietet eine Geräuschunterdrückungsfunktion (und einen Transparenz Modus, mit dem Sie Ihre Umgebung besser hören können). Die AirPods werden zu einem Premium Preis verkauft, bieten dementsprechend aber auch ein Premium-Hörerlebnis. Wenn Sie die Pro Version benutzen, können Sie den Unterschied sofort hören.

AirPods sind einfach zu bedienen, aber wenn Sie diese zum ersten Mal benutzen, können sie dennoch etwas verwirrend sein. Diese Anleitung erklärt Ihnen alle Gesten, zum Beispiel wie man die AirPods verkoppelt und auflädt. Diese werden mit einem Apple Music-Leitfaden geliefert, sodass Sie wissen, wie Sie Apple Music richtig benutzen, wenn Sie mit dem Musikgenuss beginnen wollen.

Wollen Sie mit dem Hörerlebnis beginnen? Dann lassen Sie uns loslegen!

[9]

APPLES SERVICES

Dieses Kapitel beschreibt:
- iCloud
- Apple Arcade
- Apple Music
- Apple TV+
- Apple News
- Apple Card

Früher betrat Apple ein paar Mal im Jahr die Bühne und kündigte ein Gerät an, das wie ein Komet einschlug! Das iPhone! Das iPad! Die Apple Watch! Der iPod!

Das passiert auch heute noch, aber Apple ist sich der Realität sehr bewusst: Die meisten Leute kaufen sich nicht jedes Jahr eine neue Hardware. Wie verdient ein Unternehmen Geld, wenn dem so ist? In einem Wort zusammengefasst: Dienstleistungen.

In den letzten Jahren (insbesondere im Jahr 2019) kündigte Apple mehrere Dienste an - Dinge, für die sich die Leute entscheiden würden, monatlich zu zahlen. Dies bot die Möglichkeit, weiterhin Geld zu verdienen, selbst wenn die Leute keine Hardware kauften.

Damit das funktionierte, wusste Apple, dass alles hervorragend sein musste. Sie konnten nicht nur einen unterdurchschnittlichen Service anbieten und erwarten, dass die Leute zahlen, weil Apple draufsteht. Es musste gut sein. Und das ist es auch!

Dieses Buch führt Sie durch diese Dienstleistungen und zeigt Ihnen, wie Sie das Beste aus Ihnen herausholen können.

ICLOUD

iCloud ist etwas, über das Apple nicht viel spricht, aber es ist Ihr vielleicht größter Service. Es wird angenommen, das rund 850 Millionen ihn benutzen. Das komische daran ist, dass viele Menschen nicht einmal wissen, dass Sie ihn benutzen.

Was genau ist es? Wenn Sie mit Google Drive vertraut sind, verstehen Sie das Konzept wahrscheinlich bereits. Es ist ein Online-Schließfach. Aber es ist gleichzeitig mehr als das. Hier können Sie Dateien speichern und alles synchronisieren. Wenn Sie also eine Nachricht auf Ihrem iPhone senden, wird sie auf Ihrem MacBook und iPad angezeigt. Wenn Sie von Ihrem iPad aus an einer Keynote-Präsentation arbeiten, können Sie dort weitermachen, wo Sie auf Ihrem iPhone aufgehört haben.

Was an iCloud noch besser ist, ist, dass es erschwinglich ist. Neue Telefone erhalten 5 GB kostenlos. Von dort aus lautet die Preisspanne wie folgt (beachten Sie, dass sich diese Preise ändern können):

- 50GB: $0.99
- 200GB: $2.99

- 2TB: $9.99

Diese Preise gelten für alle in Ihrer Familie. Wenn Sie also fünf Personen in Ihrem Plan haben, benötigt nicht jede Person ihren eigenen Speicherplan. Dies bedeutet auch, dass Einkäufe gespeichert werden. Wenn ein Familienmitglied ein Buch oder einen Film kauft, kann jeder darauf zugreifen.

iCloud ist mit dem Wachstum der Fotobibliothek noch leistungsfähiger geworden. Früher waren die Fotos relativ klein, aber mit fortschreitenden Kameras nimmt die Fotogröße zu. Die meisten Fotos auf Ihrem Telefon sind mehrere MB groß. iCloud bedeutet, dass Sie die neuesten auf Ihrem Telefon behalten und die älteren in die Cloud stellen können. Dies bedeutet auch, dass Sie sich keine Sorgen machen müssen, dass Sie für das Telefon mit der größten Festplatte bezahlen müssen. Selbst wenn Sie über die größte Festplatte verfügen, besteht die Möglichkeit, dass nicht alle Ihre Fotos darauf passen.

Wo ist iCloud?

Wenn Sie auf Ihr Handy kucken, sehen Sie die iCloud App nicht. Das liegt daran, dass es keine iCloud App gibt. Es gibt mehrere Funktionen in der „Files" App, die wie ein Sicherheitsfach funktionieren.

Um iCloud anzusehen, sollten Sie Ihren Computer Browser auf iCloud.com ausrichten.

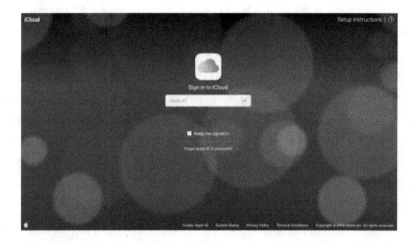

Sobald Sie sich angemeldet haben, werden alle in Ihrer Cloud gespeicherten Elemente angezeigt - Fotos, Kontakte, Notizen, Dateien;

dies sind alles Dinge, auf die Sie auf allen Ihren Geräten zugreifen können.

Sie können iCloud zusätzlich von jedem Computer aus (sogar PCs)
benutzen; das ist besonders hilfreich, wenn Sie den iPhone finden Modus benutzen wollen, welcher nicht nur Ihr iPhone lokalisiert, sondern
auch Ihre anderen Applegeräte ausfindig machen kann—Handys, Uh-
ren und sogar AirPods.

Erstellen Sie mit iCloud eine Sicherheitskopie für Ihr Handy

Das erste, was Sie über iCloud wissen sollten, ist, wie Sie Ihre Tele-
fondaten damit absichern können. Dies müssen Sie immer dann tun,
wenn Sie von einem Handy auf ein anderes wechseln.

Sollte es auf dem Handy keine iCloud App geben, wird es schwer zu
wissen, wie das gehen soll, oder nicht? Es gibt dafür zwar keine native
App im traditionellen Sinne, wie Sie es kennen, aber dafür gibt es di-
verse iCloud Einstellungen in der Einstellungen Applikation.

Öffnen Sie die App „Einstellungen." Oben sehen Sie Ihren Namen
und Ihr Profilbild. Tippen Sie darauf.

Dadurch werden meine ID-Einstellungen geöffnet, in denen ich beispielsweise Telefonnummern und E-Mails aktualisieren kann. Eine der
Optionen heißt iCloud. Tippen Sie darauf.

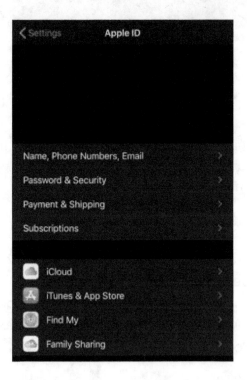

Scrollen Sie ein wenig nach unten, bis Sie zu der Einstellung iCloud
Backup gelangen, und tippen Sie darauf.

Dies wird wahrscheinlich eingeschaltet sein (der Wechselschalter
wird grün angezeigt); Wenn Sie die Dinge lieber manuell ausführen
möchten, können Sie sie deaktivieren und dann "Jetzt sichern" auswählen. Wenn Sie hier etwas deaktivieren, müssen Sie jedes Mal eine ma-
nuelle Sicherung durchführen.

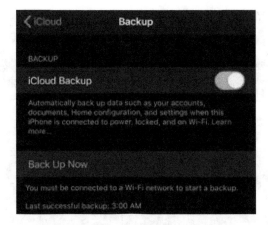

In der iCloud können Sie auch einstellen, welche Apps iCloud benutzen, und sehen, wie viel Speicherplatz Sie noch übrighaben. Ich be-
sitze den 2-TB-Plan uns habe mit allen Mitbenutzern rund die Hälfte
davon.

Wenn Sie auf Speicher verwalten tippen, können Sie sehen, wo der
Speicherplatz verwendet wird. Sie können Ihr Konto auch von dieser
Seite aus aktualisieren oder downgraden, indem Sie auf Speicherplan
ändern tippen.

Tippen Sie auf Familiennutzung und Sie können genauer sehen, welche Familienmitglieder was benutzen. Sie können von dieser Seite aus auch das Teilen von Daten beenden.

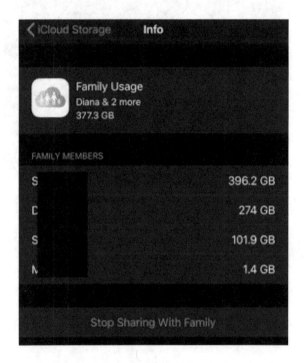

Alles auf ein Neues Gerät bewegen

Wenn Sie ein neues Gerät erhalten, werden Sie während des Set-Ups aufgefordert, sich mit der Apple-ID, die Ihrem vorherigen Gerät zugeordnet ist, anzumelden. Sie werden anschließend die Option zu haben, Dateien von einem vorherigen Gerät aus wiederherzustellen.

Teilen Sie Bilder mit iCloud

Gehen Sie auf Einstellungen > Fotos, um Fotos zu teilen oder mithilfe von iCloud zu speichern, stellen Sie dabei sicher, dass iCloud Fotos auf grün eingestellt ist. Wenn Sie Probleme mit Ihrem Speicherplatz haben, können Sie unten eine Option auswählen, um Ihren Speicherplatz zu optimieren.

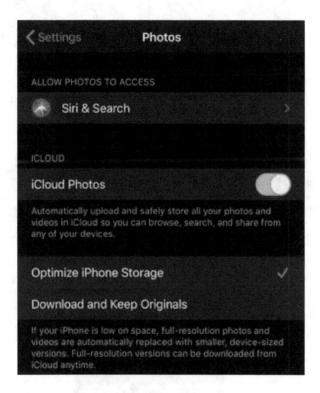

Dateien App

Öffnen Sie die Dateien-App, um Ihre Cloud-Dateien anzusehen.

Das erste was Sie sehen, sind Ihre zuletzt benutzten Dateien.

Falls Sie das, wonach Sie suchen, nicht sehen können, gehen Sie auf die unteren Registerkarten und wechseln Sie vom kürzlich benutzt Bereich auf "Durchsuchen".

Dies öffnet einen etwas traditioneller aussehenden Datei-Explorer.

Wenn Sie einen neuen Ordner erstellen, eine Verbindung zu einem Server herstellen, oder ein Dokument scannen möchten, tippen Sie auf die drei Punkte in der oberen linken Ecke, um Ihre App-Optionen zu öffnen.

Mit „Dokumente scannen" können Sie Ihre Kamera wie einen herkömmlichen Flachbettscanner zum Scannen und Drucken von Dokumenten verwenden.

Sie können auf „Nach Namen sortieren" tippen, um die Reihenfolge, nach der die Dateien sortiert sind, zu verändern.

iCloud Einstellungen

Eine weitere wichtige Ansammlung von iCloud-Einstellungen befindet sich unter Einstellungen> Allgemeines> iPhone-Speicher.

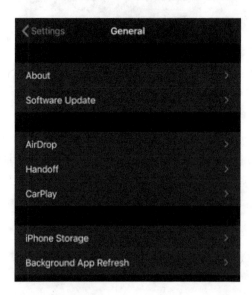

Wenn Sie darauf tippen, wird Ihnen angezeigt, wie viele Speicherplatz Apps verwenden, und verbessernde Empfehlungen abgegeben.

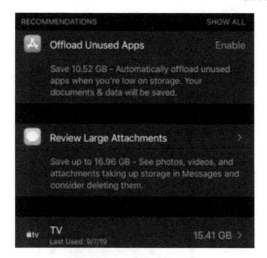

APPLE ARCADE

Apple Arcade kann wie Netflix für Spiele beschrieben werden. Das kostet 4,99 US-Dollar pro Monat (es fallen keine extra Kosten für Familienmitglieder an – teilen Sie dies kostenlos mit bis zu fünf Familienmitgliedern)

Für den Preis haben Sie Zugriff auf über 100 Spiele. Im Gegensatz zu einigen Streaming-Diensten, bei denen Sie die Spiele online spielen müssen, können Sie mit Apple Arcade auch Spiele herunterladen, um sie offline zu spielen. Sie können sie auf allen Apple-kompatiblen Geräten abspielen: iPhone, iPad und Apple TV. Wenn Sie aufhören, auf Ihrem Handy zu spielen, können Sie an der entsprechenden Stelle auf dem Fernseher oder iPad weiterspielen.

Es gibt keine Werbung, und Sie können die Funktion auch mit Kindersicherung verwenden.

Wie Sie sich Anmelden

Apple Arcade ist keine App, sondern ein Service. Sie laden nur das herunter, was Sie wollen. Melden Sie sich an, indem Sie den App Store besuchen und auf Arcade tippen. Dies bringt Sie zum Hauptmenü von Arcade, wo Sie sich dann nur noch mit einer Kindersicherung anmelden müssen.

Sobald Sie sich angemeldet haben, wird ein Begrüßungsmenü angezeigt.

Das Arcade Menü ist neuerdings durch Spiele, die Sie herunterladen
können, ersetzt worden. Tippen Sie auf Herunterladen, wenn Sie ein
Spiel haben wollen. Alles kostet nur $4.99—und ist keine App.

Wenn Sie sich eine Spielbeschreibung durchlesen, sollten Sie auf die App Größe achten; wenn Sie nur begrenzte mobile Daten haben, sollten Sie alles über das W-Lan herunterladen.

Die App sieht wie jede andere App auf Ihrem Handy aus. Der einzige Unterschied ist der "Splash Screen", auf dem "Arcade steht.

Das Arcade Abonnement beenden

Alle Abonnements werden auf die gleiche Art beendet. Gehen Sie im App Store zu Ihrem Account und tippen sie dann auf Ihre Abonnements.

Dies zeigt Ihnen alle Ihre aktiven Abonnements, einschließlich Apple Arcade .

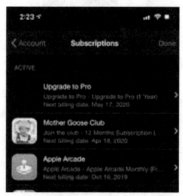

Sobald Sie daraufklicken, gibt es unten eine Option zum Abbrechen.

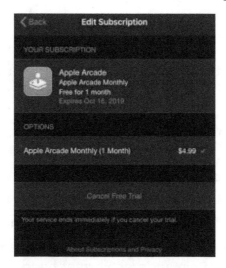

Sie erhalten eine Benachrichtigung, dass alle Ihre Spiele nach Ablauf Ihres Abonnements gelöscht werden (Hinweis: Diese läuft am ursprünglichen Ablaufdatum ab - nicht an dem Tag, an dem Sie kündigen).

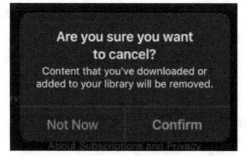

Unter Abonnementdetails erfahren Sie jetzt, wann das Abonnement gekündigt wurde.

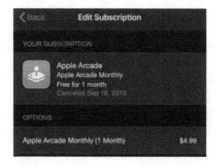

APPLE TV+

Apple hat schon seit einiger Zeit still und heimlich an einem Fernsehservice gearbeitet. Im Jahr 2019, enthüllten Sie endlich die Details. Dieser kostet $4.99 im Monat (er ist beim Kauf eines iPhones, iPads, einer Apple Watch, oder eines Macs kostenlos dabei—dies kann sich in Zukunft aber ändern), and war ab dem ersten November erstmals verfügbar.

Rufen Sie die TV-App auf, um eine dieser Shows anzusehen. Diese ist für Apple TV, iPad und iPhone verfügbar. Sie erinnert sich an den Ort, an dem Sie auf dem Gerät pausiert hatten, und Sie können dort weiterschauen, wo Sie auf einem anderen aufgehört haben.

Weil es sich hier um ein anderes Format handelt, könnten sich die Dinge in Zukunft ändern, aber zu dem Zeitpunkt, zu dem dieses Buch geschrieben wurde, waren die unten aufgeführten TV-Serien verfügbar:

Dramas
- Amazing Stories (Science Fiction / Anthologie)
- Defending Jacob (Krimi Drama)
- For All Mankind (Science Fiction / Alternative Geschichte)
- Home Before Dark (Mystery)
- The Morning Show (Drama)
- See (Science Fiction)
- Servant (Thriller)
- Tehran (Thriller)
- Truth Be Told (Legales Drama)

Komödien
- Dickinson (Zeitkomödie)
- Ghostwriter (Familie / Mystery)
- Little America (Anthologie)
- Little Voices (Musik / Komödie)
- Mythic Quest: Raven's Banquet (Arbeitsplatz Komödie)
- Ted Lasso (Sport Komödie)
- Trying (Romantische Komödie)
- Central Park (Animierte Komödie)

Für Kinder

- Doug Unplugged
- Fraggle Rock: Rock On!
- Helpsters
- Helpsters Help You
- Snoopy In Space
- Stillwater

Kurierte Filme
- The Banker (Drama)
- Greyhound (Krieg)
- Hala (Drama)
- On the Rocks (Drama)

Dokuserien
- Becoming You
- Dear...
- Earth At Night In Color
- Greatness Code
- Home
- Long Way Up
- Oprah's Book Club / The Oprah Conversation
- Tiny World
- Visible: Out On Television

Dokumentationen
- Beastie Boys Story
- Boys State
- Dads
- The Elephant Queen

Mehr Serien und Filme werden monatlich hinzugefügt und die Serien werden durch zukünftige Staffeln erweitert, also ist zu erwarten, dass sich dieser Bereich schnell verändert.

APPLE MUSIC

Apple Music ist Apples Musik Streaming Service.

Die meisten Menschen fragen sich, was besser ist: Spotify oder Apple Music? Es ist schwer zu sagen. Beide haben die gleiche Menge an Songs, und sie kosten beide das gleiche ($9.99 im Monat, $5 für Studenten, $14.99 für Familien).

Es gibt wirklich keinen klaren Gewinner. Am Ende hängt alles von Ihren Präferenzen ab. Spotify hat einige gute Funktionen—wie etwa einen durch Werbung unterstützten, kostenlosen Plan.

Eine der herausstechenden Funktionen von Apple Music ist iTunes Match. Wenn Sie wie ich sind und eine große Sammlung von Audiodateien auf Ihrem Computer haben, werden Sie iTunes Match lieben. Apple legt diese Dateien in der Cloud ab und Sie können sie auf jedem Ihrer Geräte streamen. Diese Funktion ist auch dann verfügbar, wenn Sie Apple Music für 25 US-Dollar pro Jahr nicht haben.

Apple Music geht auch gut in Verbindung mit anderen Apple-Geräten. Wenn Sie also ein Apple-Haus sind (d. H. Alles, was Sie besitzen, von intelligenten Lautsprechern bis hin zu TV-Medienboxen, hat das Apple-Logo), ist Apple Music wahrscheinlich das Beste für Sie.

Apple ist mit anderen intelligenten Lautsprechern kompatibel, wurde jedoch entwickelt, um auf den Eigengeräten zu glänzen.

Ich werde Spotify an dieser Stelle nicht ansprechen, würde Ihnen aber empfehlen, beides auszuprobieren (in dem Sie die kostenlosen Testversionen benutzen) um zu sehen, welcher Anbieter Ihnen lieber ist.

Ein Schnellkurs für Apple Music

Bevor Sie sich mit Apple Music befassen, sollten Sie beachten, dass Sie jetzt auch über Ihren Webbrowser (in Beta-Form) auf Apple Music zugreifen können: http://beta.music.apple.com.

Es ist auch erwähnenswert, dass ich eine kleine Tochter habe und nicht viel "erwachsene" Musik anhören kann, daher werden die folgenden Beispiele viel Kindermusik anzeigen!

Die Hauptnavigation von Apple Music befindet sich im unteren Bereich. Sie können aus fünf Basismenüs auswählen:

- Bibliothek
- Für Sie
- Browsing
- Radio

- Suche

Bibliothek

Wenn Sie Wiedergabelisten erstellen oder Songs oder Alben herunterladen, finden Sie diese hier.

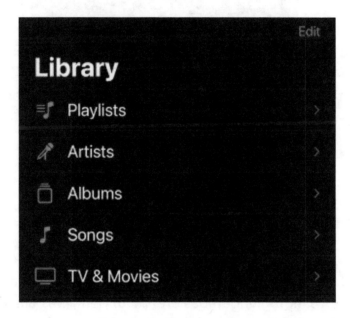

Sie können die Kategorien, die in dieser ersten Liste angezeigt werden, ändern, indem Sie auf Bearbeiten tippen und dann die gewünschten Kategorien abhaken. Stellen Sie sicher, dass Sie auf Fertig klicken, um Ihre Änderungen zu speichern.

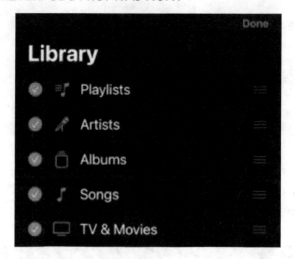

Wenn Sie auf die Wiedergabeliste, die Sie abspielen möchten, tippen, können Sie sie auch mit Ihren Freunden teilen, indem Sie auf die drei Punkte tippen, die das Optionsmenü anzeigen, und dann auf „Wiedergabeliste freigeben" tippen.

Jetzt Anhören

Während Sie Musik abspielen, lernt Apple Music Sie immer besser kennen. Es gibt Empfehlungen basierend auf dem, was Sie sich anhören. Unter „Jetzt Anhören" können Sie eine Mischung aus all diesen Songs aufrufen und sich andere Empfehlungen anzeigen lassen.

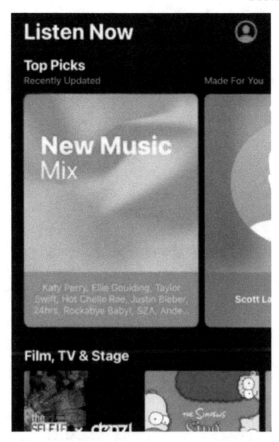

Neben verschiedenen den Musikstilen gibt es auch Empfehlungen von Freunden, sodass Sie neue Musik entdecken können, basierend auf dem, was Ihre Freunde hören.

Browsen

Sie suchen nicht nach Empfehlungen? Sie können im Browser Menü nach Genres suchen. Zusätzlich zu den Genre Kategorien können Sie einsehen, welche Musik neu ist und welche Musik beliebt ist.

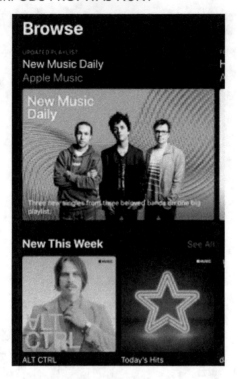

Radio

Radio ist Apples Version von AM/FM; Beats One ist der Hauptsender. Es gibt on-Air DJs und alles andere, was man von einer Radio Station erwarten kann.

Während Beats One Apples Flaggschiff ist, ist sie nicht die einzige Station. Sie können nach unten scrollen und unter Mehr auf Radiosender tippen, um mehrere andere Sender durchzusehen und zu erkunden, die nach Musikstilen basieren geordnet sind (z. B. Country, Alternative, Rock usw.). In diesem Menü finden Sie auch eine Handvoll Talk-Stationen, die sich mit Nachrichten und Sport befassen. Erwarten Sie nicht, dass Sie hier das Meinungsbildungsradio finden, das Sie möglicherweise im regulären Radio hören – die Shows sind nicht sehr kontrovers.

Suchen

Die letzte Option ist das Such Menü, und das erklärt sich eigentlich von selbst. Geben Sie das, wonach Sie suchen wollen, ein (wie etwa den Interpreten, das Album, das Genre und so weiter).

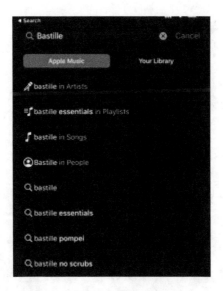

Hören Sie sich Musik an und Erstellen Sie eine Playlist

Sie können auf die Musik, die Sie sich gerade anhören vom unteren Bildschirmbereich auszugreifen.

So wird das, was Sie sich anhören, im Vollbildmodus mit mehreren Optionen angezeigt.

Die Tasten für Wiedergabe, Zurück / Vorwärts und Lautstärke sind ziemlich leicht zu verstehen. Die Schaltflächen darunter sehen möglicherweise neu aus.

Die erste Option ist für Liedtexte. Wenn das Lied angehalten wird, können Sie sich die Texte durchlesen. Wenn das Lied abgespielt wird, werden die Texte zu dem gerade abgespielten Lied fett gedruckt. Wenn Sie sich jemals gefragt haben, ob ein Sänger "dense" oder "dance" sagt, kann Ihnen die Funktion endlich alles klar machen.

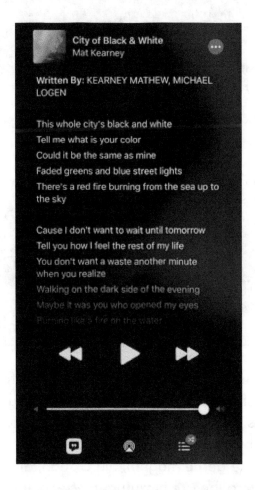

Die mittlere Option erlaubt es Ihnen sich auszusuchen, wo Sie die Musik abspielen möchten. Wenn Sie beispielsweise einen HomePod haben und die Musik von diesem Gerät drahtlos hören möchten, können Sie hier den Ausgang wechseln.

Die letzte Option zeigt Ihnen die nächsten Songs in der Wiedergabeliste an.

Falls Sie einen Song einer Wiedergabeliste hinzufügen wollen, klicken Sie einfach auf die drei Punkte neben dem Album/dem Namen
des Künstlers. Dies ruft mehrere Optionen auf (Sie können hier auch einen Song als beliebt oder unbeliebt markieren – das hilft Apple Music
zu verstehen, was Sie gerne mögen); die Option, die Sie wählen sollten,
lautet zu der Wiedergabeliste hinzufügen. Wenn Sie noch keine Wiedergabeliste haben, oder Sie Ihn einer neuen hinzufügen wollen, können Sie diese hier erstellen.

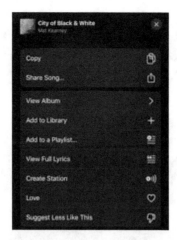

Sie können jederzeit auf den Namen des Interpreten gehen, um all dessen Musik zu sehen.

Zusätzlich zu der Ansicht von Informationen über die Band und deren beliebtesten Alben, können Sie sich eine Wiedergabeliste mit deren beliebtesten Songs oder aus Bands, auf die sie einen Einfluss hatte, erstellen lassen.

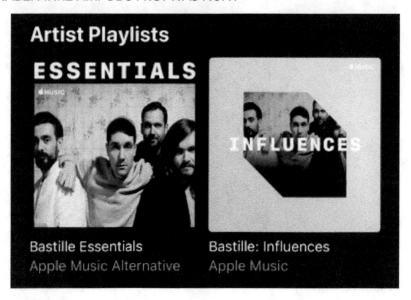

Wenn Sie nach unten scrollen, können Sie sich auch ähnliche Künstler ansehen. Dies bietet eine großartige Möglichkeit, neue Bands zu entdecken, die denen ähneln, die Sie derzeit gerne hören.

Tipps, um das Beste aus Apple Music zu machen

Mit einem Herzen reagieren

Mögen Sie das, was Sie hören gerne? Reagieren Sie mit einem Herzen! Hassen Sie es? Markieren Sie es als nicht beliebt. Apple lernt Sie über das, was Sie sich anhören kennen aber es verbessert seine Richtigkeit, wenn Sie ihm mitteilen, was Sie von einem Song, den Sie lieben wirklich halten…oder wenn Sie einen Song so richtig hassen.

Einstellungen benutzen

Einige der Ressourcen sparensten Funktionen von Apple Music finden sich nicht über Apple Music—Sie befinden sich in Ihren Einstellungen.

Öffnen Sie die App für Einstellungen und scrollen Sie nach unten zur Musik.

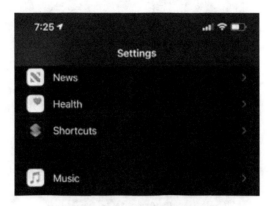

Es gibt hierbei einige Dinge zu beachten.

Dies finden Sie unter den Zellulären Daten. Tippen Sie darauf, um die Option zum Streamen in hoher Qualität zu sehen, Sie können dies hier aus und anstellen. Falls Sie die bestmögliche Qualität auch unter der mobile Datennutzung noch haben wollen, wählen Sie die entsprechende Option aus.

Gehen Sie als Nächstes auf Speicherplatz optimieren. Falls Ihnen der Platz zu knapp wird sollten Sie sicherstellen, dass Sie diese Funktion ausstellen.

Wenn Sie die Art und Weise, wie die Musik klingt, also zum Beispiel den Bass verstärken oder verringern, wollen, gehen Sie in den Einstellungen zu EQ.

Musik herunterladen

Wenn Sie sich unterwegs nicht auf die Internetverbindung verlassen möchten, tippen Sie auf Cloud auf Musik, um die Musik lokal auf Ihr Telefon herunterzuladen. Wenn Sie keine Cloud Option sehen, fügen Sie diese Ihrer Bibliothek hinzu, indem Sie auf das Plussymbol tippen. Dadurch sollte eine Cloud hinzugefügt werden.

Hey, Siri

Siri kennt sich mit Musik aus! Sagen Sie "Hey Siri" und teilen Sie ihr dann mit, was Sie hören möchten, dann macht die KI sich an die Arbeit.

Mit Musik geweckt werden

Wenn Sie zu einem Lied aufwachen möchten, anstatt mit dem standardmäßigen summenden Geräusch, öffnen Sie Ihren Wecker auf dem Handy. Tippen Sie anschließend auf "Sound".

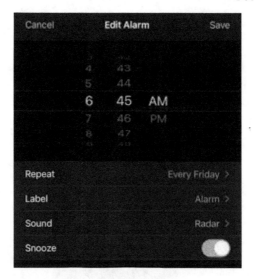

Klicken Sie von da auf "Song auswählen."

Wählen Sie schließlich Ihre Musik aus.

Apple News+

Im Jahr 2012 mischte eine kleine App mit großen Ambitionen namens „Next" (später in Textura geändert) die Zeitschriftenbranche auf, indem sie das Netflix der Magazine erstellte. Zu einem günstigen Preis konnten Sie Hunderte von Zeitschriften lesen (einschließlich der früheren Ausgaben). Dies waren keine kleinen Indie-Magazine, sondern die ganz großen: People, Time, Wired und viele weitere.

Apple wurde darauf aufmerksam und erwarb das Unternehmen im Jahre 2018. So konnte man das Zeichen der Zeit klar erkennen: Apple wollte in die Druckerbranche einsteigen.

Im Jahr 2019 wurde bekannt gegeben, dass Textura geschlossen werden sollte, da Apple einen neuen Dienst namens News + veröffentlichen wollte. News + kann alles, was Textura auch konnte, schloss zusätzlich aber auch Zeitungen (Los Angeles Times und The Wall Street Journal) mit in den Dienst ein. Es gibt eine kostenlose Version des Dienstes, die Nachrichten für Sie kuratiert. Die bezahlte Version, die die Zeitschriftenabonnements mit enthält, kostet 9,99 USD. (Sie können fünf Familienmitglieder mit in Ihrem Plan haben.)

Was Apple News wirklich auszeichnet, ist, dass es für Sie und Ihren Geschmack personalisierte Vorschläge heraussucht. Wenn Sie andere Familienmitglieder mit in Ihrem Plan haben, erhalten diese jemals die für ihren Geschmack angepassten Vorschläge, die Ergebnisse basieren immer auch dem persönlichen Geschmack des Benutzers. Wenn Sie also ein Familienmitglied haben, das Unterhaltungsnachrichten liebt und sie selbst bevorzugen Gamingartikel, können Sie beide nur Ihre jeweils eigenen Präferenzen einsehen.

Apple News Schnellkurs

Öffnen Sie zunächst die Nachrichten-App auf Ihrem Handy (falls diese nicht auf Ihrem Telefon vorhanden ist, können sie sie kostenlos aus dem App Store herunterladen).

Die Benutzeroberfläche für die App ist ziemlich einfach aufgebaut. Unten gibt es drei Menüoptionen:

Today–Hier finden Sie Ihre kuratierten Nachrichten

News+—Dort finden Sie Magazine

Verfolgen—Hier haben Sie die Möglichkeit, Ihre Interessen zu ändern und sie können aufhören bestimmte Nachrichten zu verfolgen.

Today

Das Today Menü zeigt Ihnen alle Ihre Nachrichten an, (beginnend im oberen Teil, wo sich die Top News/ Eilmeldungen finden) und Sie können bequem durch die Auswahl scrollen.

Die App verlässt sich viel auf Gestik. Wischen Sie über einem Artikel oder einer Überschrift nach links, um die Option zu haben, mehr ähnliche Stories zu lesen, Sie können hier auch Teilen, oder den Artikel für später speichern.

Wischen Sie über einem Artikel nach rechts und Sie haben die Möglichkeit, diesen als nicht erwünscht zu kennzeichnen (sodass keine ähnlichen Geschichten mehr angezeigt werden) oder Sie können ihn als unangebracht melden. In der Regel bedeutet das Anzeigen in einer Nachrichten-App, dass Sie Artikel dieser Natur als unangemessen empfinden. Das trifft hier zu, aber es gibt andere Gründe, etwas zu melden - zum Beispiel ein falsches Datum, etwas, dass in die falsche Kategorie sortiert ist, ein defekter Link oder etwas anderes.

Wenn Sie nach unten scrollen, werden Sie anfangen, verschiedene Kategorien zu sehen (Wie etwa die "Trending Stories" wie im Beispiel unten); wenn Sie auf die drei Punkte mit dem Kreis tippen, haben Sie die Option es zu blocken, sodass es nicht länger in Ihrem Feed erscheint.

Wenn Sie auf den Bildschirm tippen, um einen Artikel zu lesen, gibt es nur wenige Optionen. Oben können Sie den Text vergrößern oder verkleinern. Daneben gibt es die Möglichkeit, die Geschichte mit Freunden zu teilen (unter der Voraussetzung, dass diese Apple News haben). Um zum nächsten Inhalt zu gelangen, gibt es eine entsprechende Option in der unteren rechten Ecke (oder wischen Sie von der rechten Ecke des Bildschirms aus nach links). Um zur vorherigen Seite zurückzukehren, tippen Sie auf den Zurückpfeil in der oberen linken

Ecke oder wischen Sie von der linken Seite des Bildschirms aus nach rechts.

Eine häufige Kritik an Apple News war die Benutzeroberfläche; als Apple den Dienst zusammen mit seiner Partnerschaft mit der Los Angeles Times und dem Wall Street Journal ankündigte, erwarteten viele ein Format, das dem ähnelt, was sie in der Zeitschriftenabteilung gesehen hatten - ein vollständiges Layout, das dem Stil einer Zeitung ähnelt.

Schlimmer noch, viele wussten nicht einmal, wie sie die Zeitungen finden konnten. Und wenn sie sie gefunden hatten, wussten Sie nicht, wie man nach Artikeln sucht. Obwohl die App ziemlich gut aufgebaut ist, handelt es sich um ein noch junges Produkt und einige der gewünschten Funktionen sind möglicherweise noch nicht vorhanden.

Mit der Information im Hinterkopf sollten Sie wissen, dass Sie die Los Angeles Times (oder jede andere Zeitung in Apple News) auf traditionellere Weise „lesen" können. Suchen Sie zunächst einen Artikel in Ihrem Feed aus einer Publikation aus, von der Sie mehr sehen möchten, und klicken Sie dann oben in dem Artikel auf den Namen der Redaktion.

Los Angeles Times

Dadurch wird die Veröffentlichung zusammen mit allen Themen aus dieser Veröffentlichung angezeigt.

Wenn Sie nach einer bestimmten Geschichte oder Veröffentlichung suchen möchten, gehen Sie zu dem Tab am unteren Bildschirmrand und tippen Sie auf Folgen. Suchen Sie dann nach dem, was Sie finden möchten.

Verfolgen

Da wir gerade von der Folgen-Option sprechen, sollten wir kurz mehr darüber reden und dann zum Thema News+ im mittleren Tab zurückkehren.

Hier können Sie Ihre vorherigen Inhalte anzeigen lassen, gespeicherte Artikel (wie oben angegeben) lesen, nach Artikeln und Veröffentlichungen suchen und Themen verfolgen, oder damit aufhören sie zu verfolgen.

Um einer Kategorie nicht mehr zu folgen, müssen Sie einfach nur darüberwischen oder auf den roten Button tippen.

Scrollen Sie ein wenig nach unten, um eine neue Kategorie hinzuzufügen. Sie sehen hier die vorgeschlagenen Themen. Tippen Sie bei allen, denen Sie folgen möchten, auf das +.

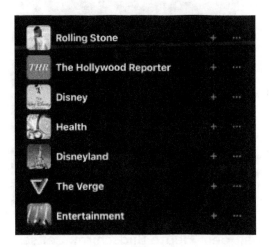

Sie können Ihre Kategorien verschieben, indem Sie oben rechts auf die Schaltfläche „Bearbeiten" tippen.

News+

Der letzte zu behandelnde Abschnitt ist News +; Hier finden Sie alle die Magazine, die Sie lieben.

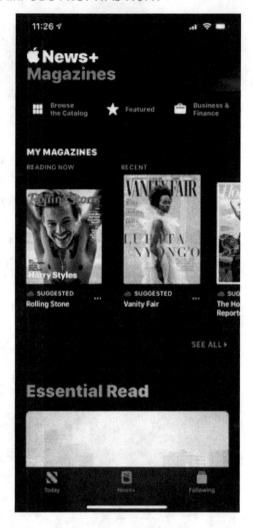

Das Format ähnelt dem Heute Bildschirm. Zeitschriften, die Sie lesen, befinden sich ganz oben. Darunter befinden sich Geschichten aus verschiedenen Magazinen, von denen die App glaubt, dass sie Sie interessieren. Es gibt auch einen personalisierten Bereich, diesen finden Sie unter „Für Sie".

Wenn Sie Artikel aus der Liste lesen, werden diese in dem tatsächlichen Magazin geöffnet, das sieht ein wenig anders aus als Artikel aus dem Heute Bereich.

Wenn Sie mehr aus einer Zeitschrift lesen (oder frühere Ausgaben sehen) möchten, klicken Sie einfach auf das Logo eines Artikels, den Sie gerade lesen.

Daraufhin wird eine Liste aller Ausgaben angezeigt, die Sie lesen können, sowie einige der neuesten Artikel aus dem Magazin eingeblendet.

Durch Tippen auf die + Schaltfläche in der oberen rechten Ecke können Sie der Veröffentlichung folgen.

Wenn Sie das Magazin-Cover in im Abschnitt "Meine Magazine" lange drücken (gedrückt halten), können Sie auch damit aufhören, Ausgaben aus der Publikation zu folgen, sie löschen oder sie anzeigen lassen.

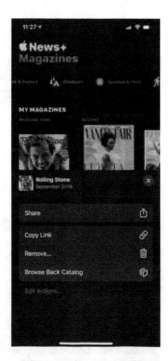

Um alle verfügbaren Magazine zu durchsuchen, wählen Sie im Hauptbildschirm Katalog durchsuchen aus (oder suchen Sie nach einer Kategorie, an der Sie interessiert sind).

Daraufhin wird eine Liste aller Zeitschriften, die Sie lesen können, angezeigt (derzeit sind es etwa 300).

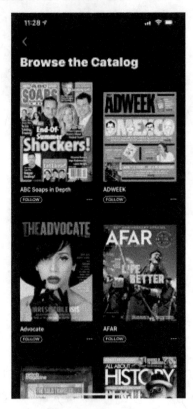

Wenn Sie eine Taste lange drücken, können Sie das Magazin herunterladen, ihm folgen, es blockieren oder die Bibliothek nach früheren Ausgaben durchsuchen.

APPLE CARD

Eines der am meisten diskutierten neuen Produkte von Apple ist die Apple Card. Apple Card ist eine Kreditkarte, die sich auf den ersten Blick nicht von den meisten Kreditkarten unterscheidet. Sie hat möglicherweise nicht die besten Boni (1% bis 3% Cashback, abhängig von Ihrem Kauf) oder den besten Zinssatz, aber das bedeutet nicht, dass es die Industrie nicht in Aufruhr versetzte. Es ist definitiv etwas, über das Sie nachdenken sollten.

Oberflächlich besteht der Vorteil der Apple Card darin, dass Sie Ihre Boni am nächsten Tag erhalten - ohne darauf warten zu müssen. Das ist toll. Aber das Besondere sind die große Sicherheit und die Fähigkeit Ihnen dabei zu helfen, Ihre Einkäufe im Auge zu behalten.

So bekommen Sie Ihre Karte

Das Erhalten einer Apple Card ist wahrscheinlich die einfachste Kreditkartenanmeldung, die Sie jemals in Ihrem Leben erlebt haben. Rufen Sie zunächst die Wallet-App auf Ihrem iPhone auf.

Wenn die App geöffnet wird, klicken Sie auf die Schaltfläche + und folgen Sie den Anweisungen. Es wird Ihnen eine Reihe von Fragen stellen und Ihnen dann mitteilen, ob Sie die Genehmigung erhalten haben.

Sobald Ihre Anmeldung bestätigt worden ist, wird Ihre Karte zusammen mit den anderen Karten in Ihrer Wallet-App angezeigt.

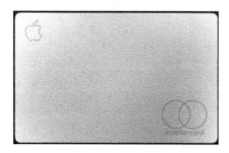

Wenn Apple Pay nicht verfügbar ist

Sobald Sie für die Karte genehmigt wurden, können Sie sie verwenden! Sie müssen nicht erst auf die Karte warten. Tatsächlich sind die Boni besser, wenn Sie die Karte nicht verwenden!

Aber manchmal braucht man eine Karte. Schließlich akzeptiert nicht jeder Apple Pay. Glücklicherweise können Sie eine Karte anfordern.

Sie werden wahrscheinlich von der Karte überrascht sein. Sie ist dick. Wirklich dick. Wahrscheinlich die dickste Karte in Ihrer Brieftasche! Sie können sie nicht einmal biegen. Sie fühlt sich nicht wie eine Plastikkarte, sondern wie Metall an. Das liegt daran, dass sie aus Metall besteht. Zum Glück ist sie aber überhaupt nicht schwer.

Die Lieferung dauert ungefähr eine Woche, und der Aktivierungsprozess wird Sie wahrscheinlich beeindrucken. Sie müssen niemanden dazu anrufen und auch keine Geheimnummer in eine Webseite eingeben. Nichts von dem ganzen Zeug.

Die Karte kommt in einem stilvollen Umschlag an; Wenn Sie die Klappe des Umschlags anheben und neben die Unterseite Ihres iPhones legen, erkennt die Karte Sie und startet den Aktivierungsvorgang. Es sieht ein bisschen wie auf dem Bildschirm unten aus - die Karte in der Abbildung wurde bereits aktiviert, sodass die einzelnen Schritte nicht mehr sichtbar sind. Der gesamte Prozess läuft schnell, elegant und nahtlos ab - alles, was man von Apple erwartet.

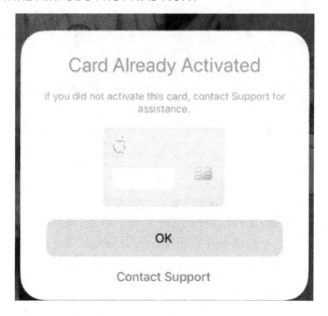

Viele Leute denken, sie müssen warten, bis ihre Karte online ist, sollte Apple Pay nicht akzeptiert werden. Das ist nicht wahr. Sie brauchen nur die Kreditkartennummer. Ich weiß, ich weiß - es gibt keine Kreditkartennummer! Hier liegen Sie falsch. Es gibt keine sichtbare Nummer, aber es gibt eine Nummer.

Um sie zu sehen, tippen Sie auf die Karte in Ihrer Wallet-App und dann auf die drei kleinen Punkte oben.

Dadurch werden Ihre Kontoinformationen geöffnet, in denen Sie Ihr Kreditlimit, Ihren Zinssatz, Ihre Zahlungen und Ihren Support sehen können. Eine der Optionen lautet "Karteninformationen".

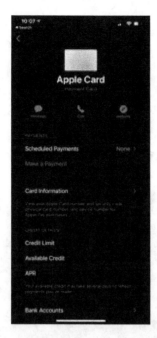

Hier können Sie Ihre Kartennummer, Ihr Ablaufdatum und Ihre Sicherheitskarte sehen. Sind sie besorgt, dass jemand Ihre Nummer besitzt? Fordern Sie einfach eine neue Nummer an.

Das Anfordern einer neuen Nummer wirkt sich nicht auf Ihre physische Karte aus. Wenn jemand Ihre physische Karte stiehlt, stellen Sie einfach sicher, dass Sie diese deaktivieren, und fordern Sie eine neue Karte an. Wie macht man das? Klicken Sie auf den Zurück-Pfeil, um zu Ihrem Konto-Menü zurückzukehren. Scrollen Sie nach unten zu "Ersatzkarte anfordern". Dadurch wird Ihr Konto gesperrt, um zukünftige Transaktionen zu stoppen, und es wird eine neue Karte gesendet.

Was ist, wenn Sie die Karte entfernen möchten? Gehen Sie einen Bildschirm zurück und dann zum unteren Bildschirmrand, tippen Sie schließlich auf „Diese Karte entfernen" (denken Sie jedoch daran, dass Ihr Konto dadurch nicht geschlossen wird).

Beobachten Sie Ihre Kartenaktivität

Wenn Sie über die Wallet-App auf Ihre Karte tippen, können Sie alle Ihre Aktivitäten anzeigen lassen, z. B. den Kontostand, den Zeitpunkt der Zahlung und die verbleibenden Transaktionen.

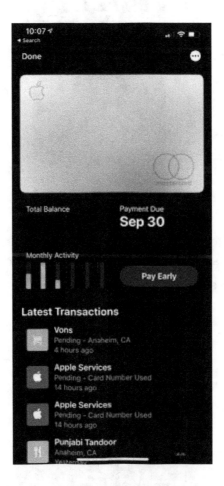

Sie sind sich nicht sicher, woher eine Transaktion stammt? Tippen Sie darauf, um weitere Informationen zu dem Kauf zu erhalten. In vielen Fällen wird eine Karte mit dem Kaufort angezeigt. Dies ist hilfreich, wenn Sie mysteriöse Zahlungen aufspüren, die auf anderen Kreditkarten mit seltsamen Namen erscheinen, die keinen Sinn ergeben und eher wie Codes als wie Unternehmen klingen.

Wenn Sie im vorherigen Bildschirm auf Monatliche Aktivität tippen, werden die Kategorien angezeigt, in denen Sie Ihr Geld ausgeben. Sie können dort auch Ihre Boni sehen.

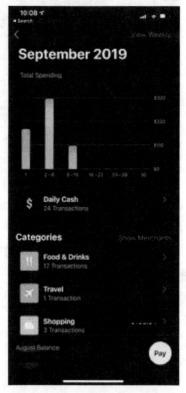

Die größte Frage in Ihrem Kopf lautet wahrscheinlich, wie Sie diese Belohnungen ausgeben können. Das Belohnungsgeld befindet sich auf einer separaten Karte namens Cash Card, auf die Sie über Ihre Wallet-App zugreifen können. Sie können das Geld überall dort ausgeben, wo Apple Pay genommen wird, oder Sie können das Geld direkt auf Ihr Bankkonto überweisen. Sie können die Cash Card auch verwenden, um Geld an Ihre Freunde zu senden.

Zahlungen tätigen und Kontoauszüge ansehen

Um eine Einzahlung auf Ihre Karte vorzunehmen, rufen Sie Ihre Hauptkartenseite auf und tippen Sie auf das Feld „Zahlung fällig". Daraufhin werden Ihre Zahlungsinformationen angezeigt. Der Zinssatz ist bei der Apple Card sehr transparent. Sehen Sie die Punkte auf dem Kreis? Tippen Sie auf das Häkchen und ziehen Sie es auf einen dieser Punkte. Hier erfahren Sie, wie hoch Ihre Zinsbelastung wäre, wenn Sie nur einen Teil der Zahlung leisten würden. Ziehen Sie in den Bereich, den Sie bezahlen möchten, und wählen Sie dann „Jetzt bezahlen" (oder „Später bezahlen", um die Zahlung zu planen) aus. Wenn Sie Ihr Bankkonto noch nicht eingerichtet haben, müssen Sie dies an dieser Stelle tun. Sie benötigen Ihre Bankkontonummer und die Routing-Informationen.

Tippen Sie im Hauptmenü auf Gesamtsaldo, um Ihre Kreditkarten-abrechnung anzuzeigen. Gehen Sie dort nach unten und wählen Sie die Anweisung, die Sie sehen möchten, aus.

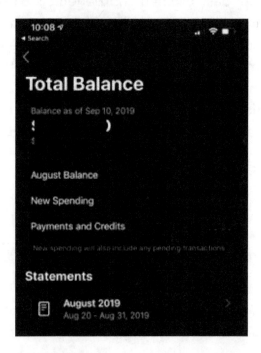

Dies liefert Ihnen einen kurzen und hochqualitativen digitalen Kontoauszug.

Wenn Sie Ihre vollständige Abrechnung ansehen möchten - die lange Abhandlung, die Sie normalerweise von anderen Kreditkartenanbietern per Post erhalten -, tippen Sie auf PDF-Auszug herunterladen.

FITNESS+

Eine der größten Verbesserungen auf Apples Geräten ist Fitness +. Dieser neue Apple Service sein, der die Fitnessbranche aufmischen wird.

Apple gab im September einen allgemeinen Überblick über den Dienst, hatte ihn jedoch zum Zeitpunkt der Erstveröffentlichung dieses Buches noch nicht veröffentlicht.

Der Service kostet 9,99 USD pro Monat oder 79,99 USD pro Jahr (drei Monate kostenlos, wenn Sie eine neue Apple Watch kaufen). Fitness + wird auch in den neuen Apple One Premier-Dienst (29,99 USD / Monat) integriert, mit dem Sie und Ihre ganze Familie auf alle Apple-Dienste zugreifen können.

Die Art und Weise, wie die Dienste funktionieren, ist so strukturiert, dass Sie die Art des Trainings auswählen, die Sie entweder mit Ihrem Apple TV, iPad oder iPhone durchführen möchten. Dies wird dann sofort mit Ihrer Uhr synchronisiert. Während das Trainingsvideo abgespielt wird, wird im Video beispielsweise Ihre Herzfrequenz angezeigt.

Die Workouts ändern sich jede Woche und können mit oder ohne Trainingsgeräte verwendet werden. Es gibt Workouts für Anfänger und Fortgeschrittene. Die KI von Apple empfiehlt je nach Workout-Regiment verschiedene Workouts und Trainer.

Sie können die Trainingseinheiten sogar nach Dauer filtern (von 5 Minuten bis 45 Minuten). Wenn Sie also nur wenige Minuten in Ihrem

Zeitplan zur Verfügung haben, können Sie eine Trainingsroutine finden, die in diesen Zeitplan passt.

Wenn Sie schonmal Peloton verwendet haben (oder mit Peloton vertraut sind), kennen sie ein sehr ähnliches Konzept. Der größte Unterschied besteht darin, dass Apples Service mit mehr Geräten kompatibel ist (oder überhaupt keinem Gerät benötigt). Das macht es toll für unterwegs.

Sie können auch den Musikstil auswählen, der während Ihres Trainings gespielt wird.

[10]

ERHALTEN UND SICHERN

Dieses Kapitel beschreibt:
- Sicherheit
- Verschlüsselung
- Schlüsselbund
- Batterietipps

SICHERHEIT

Passwort (Was Sie tun und nicht tun sollten, Tipps, etc.)

In der heutigen Zeit ist es wichtig, dass Sie Ihr Gerät sicher halten. Ob Sie eine Touch-ID einrichten wollen, oder nicht (Sie werden dazu in Kürze mehr erfahren), es ist in jedem Fall eine gute Idee, ein Passwort zu behalten. Jedes Mal, wenn sich Ihr Handy entsperrt, neu startet, aktualisiert oder auf Werkseinstellungen zurücksetzt, ist Ihr Passwort erforderlich, um Zugang zu den Einstellungen bekommen. Gehen Sie auf Einstellungen > Passwort und tippen Sie dann auf Passwort einstellen, um ein Kennwort für Ihr iPhone einzurichten. Sie werden dazu aufgefordert, ein Passwort einzugeben und zur Bestätigung das gleiche

Passwort erneut einzugeben. Hier sind einige Tipps zur maximalen Sicherheit:

Richtig

Erstellen Sie ein einzigartiges Passwort, welches nur Sie alleine kennen dürfen

Ändern Sie es ab und zu, um es geheim zu halten

Wählen Sie ein Passwort, dass sich später leicht ändern lässt, wenn es Zeit wird, das Passwort zu aktualisieren

Falsch

Benutzen Sie nicht einfach ein simples Passwort wie 1234 oder 5678

Benutzen Sie weder Ihren Geburtstag noch Ihr Geburtsjahr

Vermeiden Sie Passwörter, die andere Menschen vielleicht auch haben (zum Beispiel einen Pin zu einer gemeinsamen Kreditkarte)

Gehen Sie nicht nur in eine Richtung wie etwa mit Pins wie: 2580, 1470 oder 3690

VERSCHLÜSSELUNG

Bei all den persönlichen und sensiblen Informationen, die in der iCloud gespeichert werden können, ist deren Sicherheit verständlicherweise ein sehr wichtiger Punkt. Apple stimmt dem zu und schützt Ihre Daten mit einer 128-Bit-AES-Verschlüsselung auf sehr hohem Sicherheitsniveau. Der Schlüsselbund, den Sie als Nächstes kennenlernen werden, verwendet eine 256-Bit-AES-Verschlüsselung - dieselbe Verschlüsselungsstufe, die von allen Top-Banken verwendet wird, welche ein hohes Maß an Sicherheit für ihre Datenverarbeitung benötigen. Laut Apple sind Mail (da E-Mail-Anbieter bereits ihre eigene Sicherheitsverfahren anbieten) und iTunes in der Cloud die einzigen Dinge, die nicht durch eine iCloud Verschlüsselung geschützt sind, da sich unter der Musik keine persönlichen Informationen finden.

SCHLÜSSELBUND

Haben Sie sich zum ersten Mal seit Ewigkeiten wieder auf einer Website angemeldet und vergessen, welche Art von Passwort Sie verwendet hatten? Das passiert jedem; Einige Webseiten erfordern Sonderzeichen oder kurze Sätze, während andere kurze 8-stellige Passwörter verlangen. iCloud verfügt über eine stark verschlüsselte Funktion namens Schlüsselbunds mit der Sie Kennwörter und Anmeldeinformationen an einem Ort speichern können. Jedes Ihrer Apple-Geräte, das mit demselben iCloud-Konto synchronisiert ist, kann die Daten ohne zusätzliche Schritte aus dem Schlüsselbund laden.

Um den Schlüsselbund zu aktivieren und zu benutzen, klicken Sie einfach auf Einstellungen> iCloud, schalten Sie dann den Schlüsselbund ein und folgen Sie den Anweisungen. Nachdem Sie dem Schlüsselbund Konten und Kennwörter hinzugefügt haben, füllt Ihr Safari-Browser automatisch die Felder aus, während Sie bei iCloud angemeldet bleiben. Wenn Sie beispielsweise nach einem Online-Einkauf zum Auschecken bereit sind, werden die Kreditkarteninformationen automatisch vorab ausgefüllt, sodass Sie überhaupt keine vertraulichen Informationen eingeben müssen.

BATTERIETIPPS

Das iPhone Pro verspricht eine bessere Akkulaufzeit - die längste aller Zeiten. Aber seien wir ehrlich, egal wie groß der Akku ist, Sie würden wahrscheinlich gerne ein bisschen mehr Lebensdauer in Ihrer Ladung haben.

Stellen Sie die Benachrichtigungen aus

Meine Mutter sagte mir ständig, dass ihre Batterie nicht sehr lange zu halten schien. Ich schaute auf ihr Handy und konnte nicht glauben, wie viele der Benachrichtigungen aktiviert waren. Sie weiß absolut nichts über Aktien und hat auch keine Lust, mehr darüber zu lernen, und dennoch hatte sie den Börsenticker aktiviert. Möglicherweise möchten Sie Facebook Benachrichtigungen sehen, aber im Hintergrund werden wahrscheinlich Dutzende von Benachrichtigungen ausgeführt, von denen Sie nicht einmal wissen oder die Sie nicht wirklich benötigen. Diese loszuwerden ist einfach; Gehen Sie auf Einstellungen und dann zu den Benachrichtigungen. Alles, was als "Im Benachrichtigungszentrum" angezeigt wird, ist derzeit auf Ihrem Telefon aktiv. Um etwas zu deaktivieren, tippen Sie auf die App und schalten Sie sie aus. Damit ist sie aber nicht endgültig verschwunden. Wenn Sie sie wieder einschalten möchten, gehen Sie einfach ganz nach unten auf den Bereich, wo "Nicht im Benachrichtigungszentrum " steht, und schalten Sie sie wieder ein.

Helligkeit

Wenn Sie die Helligkeit nur um einen Schatten verringern, kann dies Wunder für die Laufzeit Ihres Handys bewirken und Ihren Augen möglicherweise etwas Erleichterung verschaffen. Es geht ganz einfach. Gehen Sie auf Einstellungen und dann auf Helligkeit. Bewegen Sie den Schieberegler einfach auf eine Einstellungsstufe, mit der Sie sich wohl fühlen.

E-Mail

Ich möchte am Liebsten sofort benachrichtigt werden, wenn ich eine E-Mail bekomme. Auf diese Weise aktualisiert mein Telefon ständig die E-Mails, um festzustellen, ob etwas neu eingegangen ist. Dadurch wird die Batterie entladen, aber nicht sehr viel. Wenn Sie die Art von Person sind, die sich nicht wirklich darum kümmert, wann sie E-Mails erhält, ist es möglicherweise gut, einfach von automatisch auf manuell umzuschalten. Auf diese Weise werden E-Mails nur dann überprüft, wenn Sie auf die E-Mail-Schaltfläche tippen. Um das Handbuch einzuschalten, gehen Sie auf Einstellungen und dann auf E-Mail, Kontakte, Kalender und schließlich zu Neue Daten abrufen. Gehen Sie nun nach unten und tippen Sie auf „Manuell" (Sie können dies später jederzeit wieder zurückschalten).

Location, Location, Lo...Batterie Dieb

Haben Sie je von standortbasierten Apps gehört? Diese Apps verwenden Ihren Standort, um zu bestimmen, wo Sie sich genau befinden. Dies ist eine großartige Funktion, wenn Sie eine Karte verwenden. Nehmen wir also an, Sie suchen nach einem Ort zum Essen und haben eine App, die Restaurants empfiehlt. Sie verwendet Ihr GPS, um Ihren Standort zu bestimmen, damit Sie erkennen können, was sich in der Nähe befindet. Das ist bei einigen Apps großartig, aber bei anderen nicht so toll. Jedes Mal, wenn Sie das GPS verwenden, wird der Akku entladen. Es ist daher eine gute Idee, zu prüfen, welche Apps es verwenden und sich zu fragen, welche die Funktion wirklich benötigen. Alternativ können Sie es vollständig ausschalten und nur bei Bedarf einschalten. Gehen Sie dazu erst auf Einstellungen und dann auf Standortdienste und schalten Sie jede App, die Sie nicht verwenden möchten, aus (Sie können sie später jederzeit wieder einschalten).

Benutzen Sie Zubehör

Neunzig Prozent von Ihnen werden wahrscheinlich mit diesen Korrekturen umgehen können und mit Ihrer Akkulaufzeit vollständig zufrieden sein. Wenn Sie jedoch noch mehr möchten, sollten Sie einen Akku kaufen. Akkus machen Ihr Telefon etwas sperriger (sie werden auf die Rückseite Ihres Telefons geschoben und an dieser befestigt), aber sie geben Ihnen dafür mehrere Stunden Lebensdauer. Sie kosten rund 70 Dollar. Zusätzlich können Sie ein externes Ladegerät in Ihre Handtasche oder Aktentasche stecken. Mit diesen Produkten können Sie jedes USB-Gerät (einschließlich iPhones und iPads) aufladen. Externe Ladegeräte kosten ungefähr das gleiche. Der einzige Vorteil eines Ladegeräts gegenüber einem Pack besteht darin, dass jedes Gerät mit USB aufgeladen werden kann, nicht nur das iPhone.

Der einfachste Weg, auf dem sie die Batterielebensdauer verlängern können, besteht darin, unter "Einstellungen" > "Batterie" den "Energiesparmodus" einzuschalten. Dies ist nicht die optimale Einstellung für den normalen Telefongebrauch. Wenn Sie jedoch nur 20% Ihres Akkus haben und diesen länger erhalten möchten, ist dies eine Option.

[11]

WIE SIE AIRPODS MIT DEM IPHONE 12 VERWENDEN

Dieses Kapitel beschreibt:
- Wie Sie AirPods installieren und koppeln
- Gesten
- Benutzerzugänglichkeit

EINLEITUNG

Hinweis: AirPods sind nicht im Lieferumfang von iPhones enthalten, sie gelten aber als beliebtes Zubehör.

Im Jahr 2016 brachte Apple die Apple AirPods heraus - kleine drahtlose Headsets, die ohne Kabel in Ihr Ohr passen. Das Gerät war sofort ein Hit.   Im Jahr 2019 wurde eine zweite Generation mit einer besseren Akkulaufzeit und einem kabellosen Gehäuse herausgebracht. Erst später im Jahr 2019 begannen sich die Dinge wirklich zu ändern, als Apple den AirPod Pro herausbrachte. Die Pro Line von 2019 bietet Geräuschunterdrückung (und einen transparenten Modus, mit dem Sie Ihre Umgebung besser hören können). Die Kopfhörer sind zu einem Premium-Preis erhältlich, ermöglichen dementsprechend aber auch ein Premium-Hörerlebnis. Wenn Sie die Profiversion benutzen, können Sie den Unterschied sofort hören.

AirPods sind einfach zu bedienen, aber wenn Sie nicht an ihre Benutzung gewöhnt sind, können sie dennoch etwas verwirrend sein. Die vorliegende Anleitung erklärt Ihnen alle Gesten und beschreibt, wie Sie die Airpods richtig verkoppeln und aufladen. Das Handbuch enthält eine Anleitung für die Benutzung von Apple Music, damit Sie, wenn Sie Musik hören wollen, wissen, wie es richtig geht.

AIRPOD VS. AIRPOD PRO

Der AirPod Pro kostet 50 US-Dollar mehr als der normale AirPod. Wofür bezahlen Sie das extra Geld genau?

Es ist schließlich so, dass beide einen H1 Chip haben; beide haben kabellose Gehäuse und beide haben mit der Hülle 24 Stunden Ladezeit – dabei halten die normalen AirPods tatsächlich etwas länger als die Pro Version (5 Stunden statt nur 4.5 Stunden Hörzeit).

Wie kommt das?!

Die Pro Version bietet einige Vorteile, mit denen sich die Extrakosten erklären lassen. Diese Version wird erstens mit Tipps für eine verbesserte Passform geliefert. Die AirPods sollen eine universelle Passform haben. Meine Frau kann aber zum Beispiel keine normalen AirPods tragen, weil ihre Ohren zu klein sind. Die Pro Version passt ihr jedoch perfekt.

Der AirPod Pro ist außerdem schweiß und – wasserresistent – das heißt nicht, dass sie zum Schwimmen getragen werden sollten (Nicht machen!), aber Sie müssen sich wenigstens keine Sorgen beim Tragen während eines intensiven Workouts oder wenn Sie anfangen zu schwitzen machen, oder wenn es auf Ihrem Heimweg ein wenig regnet, und Sie die Airpods nicht hinausnehmen wollen.

Die Modi für Geräuschunterdrückung und Transparenz sind exklusiv für die AirPod Pros verfügbar.

Der Pro hat auch einen adaptiven EQ; Wenn Sie wissen möchten, was das bedeutet, schlagen Sie es nach. Es handelt sich um eine technische Art zu sagen, dass sie besser klingen - viel besser.

Wenn Sie auf die altmodische Weise (mit einem Kabel) Dinge aufladen möchten, hat der AirPod das, was "einige" als Vorteil einstufen würden: Es besitzt einen normalen USB-Anschluss, an einer Stelle wo die Pro Version einen USB-C Anschluss hat. Alles ändert sich derzeit und wird zum modernen USB-C Anschluss umgebaut, aber noch leben wie in der alten USB-Welt und müssen einen zusätzlichen Adapter kaufen, damit alles richtig funktioniert.

WAS ES IN DER BOX GIBT (UND NICHT GIBT)

Die AirPods werden wie jedes andere Apple-Gerät in einer sehr minimalistischen Box geliefert.

Das erste, was Sie sehen, wenn Sie die Box aufmachen, ist eine Gebrauchsanleitung für das Gerät. Es sagt Ihnen nicht alles, sondern gibt lediglich einen oberflächlichen Überblick.

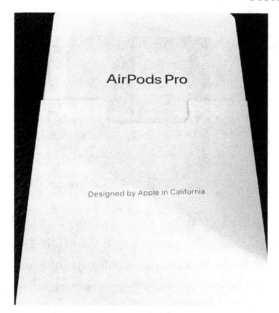

Unter der Gebrauchsanweisung befindet sich die AirPod Hülle (und darin finden Sie auch die tatsächlichen Pods – die Kopfhörer selbst).

Seien Sie beim Herausheben des Gehäuses vorsichtig, da Sie sonst die darunter liegenden Ohrstöpsel übersehen können. Die Spitze in mittlerer Größe befindet sich bereits auf dem AirPod. Wenn Sie eine kleinere oder größere Spitze bevorzugen, können Sie diese hier finden, um sie zu ersetzen müssen Sie einfach nur die alten Kopfhörer abziehen und die neuen aufschieben. Die AirPods konfigurieren den Sound automatisch anhand der von Ihnen verwendeten Größe.

Schließlich befindet sich unter den Spitzen das Ladekabel. Beachten Sie hier das Wort „Kabel". Es gibt nichts, wo man es einstecken könnte. Sie müssen Ihren eigenen Anschlusspunkt liefern. Hier gibt es noch etwas sehr Wichtiges zu beachten - es handelt sich um eine Lightning zu USB-C Verbindung. Was bedeutet das genau? Wenn Sie ein normales, altmodisches iPhone besitzen, kann dieses Kabel nicht einfach an Ihr Ladegerät angeschlossen werden. Zum Anschließen benötigen Sie einen USB-C-Adapter. Zum Glück kosten diese nicht sehr viel, aber es handelt sich trotzdem um eine Unannehmlichkeit.

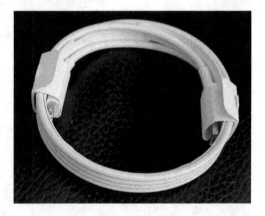

Die AirPods selbst (im Ladegerät) sind ziemlich minimalistisch gebaut. Es gibt keine physisch sichtbaren Tasten. Es gibt eine L / R-Kennung, sodass Sie wissen, in welches Ohr sie jeweils gehören. Wenn ich sage, dass es keine „physische" Taste gibt, denken Sie daran, dass es stattdessen berührungsempfindliche „Touch"-Bereiche gibt. Ich werde als Nächstes erläutern, wie diese funktionieren.

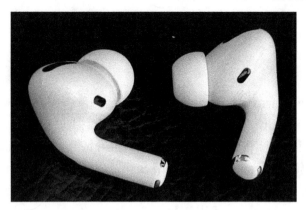

INSTALLATION

Die Installation Ihrer AirPods ist eine einzigartige Erfahrung. Alles geht lächerlich einfach! Sind Sie soweit?

Entsperren Sie Ihr iPhone. Stellen Sie die Hülle neben Ihr iPhone. Öffnen Sie die Hülle. Das wars schon! So wird automatisch ein Begrüßungsbildschirm auf Ihrem iPhone aufgerufen, der Sie selbstständig zu der richtigen Verkoppelung führt.

Wenn Sie Ihr Handy einige Zeit nicht aktualisiert haben, erhalten Sie eine Nachricht über eingeschränkte Funktionalität. Wenn Sie also wollen, dass alle Funktionen richtig funktionieren, müssen Sie das Handy auf iOS 13.2 aktualisieren.

Sie können sehen, welche Version Sie besitzen (und das Gerät auf die neueste Version aktualisieren), indem Sie auf Einstellungen> Allgemein> Software-Update gehen. Software-Updates sind normalerweise recht umfangreich. Rechnen Sie daher damit, dass dies mindestens eine Stunde dauert.

Sie werden einige Informationen über die Funktionsweise der Air-Pods sehen, unter der Voraussetzung, dass Ihr Handy aktualisiert ist. Dies gibt Ihnen keine Option, zu Überspringen. Sie können entweder den Text lesen, oder Ihr Handy einige Sekunden lang ignorieren, bis die Information verschwindet.

Gegen Ende des Setups wird eine Meldung zu "Nachrichten ankündigen" angezeigt. Sie können diese ein- oder ausschalten (Sie können dies auch später noch einschalten). Grundsätzlich gibt dies Siri die Erlaubnis, Nachrichten für Sie zu lesen, ohne dass Sie Ihr Telefon entsperren müssen. Das ist hilfreich, wenn Sie gerade trainieren und Ihr Telefon nicht erst herausnehmen wollen, um eine Nachricht zu lesen.

Sobald Sie Ihre AirPods angeschlossen haben, sehen Sie, wie viel Strom in Ihnen verbleibt. Sie können dies jederzeit überprüfen, indem Sie die AirPod-Hülle neben Ihrem Telefon öffnen.

Sobald Sie Ihre AirPods zu Ihrem Telefon hinzugefügt haben, werden diese zu iCloud hinzugefügt. Das heißt, Sie können sie dann mit jedem anderen Apple-Gerät (iPad, Mac, Apple Watch usw.) verbinden. Gehen Sie auf einem beliebigen Apple Gerät auf Bluetooth, wie Sie sich normalerweise mit Bluetooth verbinden würden (Wie auf den Illustrationen für die Verbindung mit einem Mac erklärt) und wählen Sie „Verbinden" an. Wenn Sie sich gerade auf Ihrem iPhone ein Lied anhören und hierauf tippen, wird Ihr Handy entkoppelt und die Verbindung zu dem neuen Gerät hergestellt.

MANUELLE VERKOPPELUNG

Sie können AirPods auf Geräten verwenden, die nicht von Apple stammen (z. B. Android Geräte oder -Spiele). Sie können sie auch manuell mit anderen Apple-Geräten koppeln, die nicht Ihre eigenen sind.

Der entsprechende Prozess ist so ähnlich wie bei dem Verbinden mit jedem anderen Bluetoothgerät.

Im ersten Schritt müssen Sie Ihre AirPod Hülle öffnen; wenn diese offen ist, drücken Sie auf den runden Button auf der Rückseite der Hülle und lassen Sie nicht los. Wenn das LED-Licht auf der Innenseite der Hülle anfängt zu blinken, haben Sie sich erfolgreich gekoppelt.

Gehen Sie nun zu Ihren Bluetooth-Einstellungen (auf einem iPhone geht das über Einstellungen> Bluetooth). Hier wird das Gerät angezeigt. Tippen Sie darauf, um es zu koppeln. Wenn Sie die Verkoppelung aufheben wollen, tippen Sie erneut darauf und anschließend auf „Dieses Gerät vergessen".

AUF WERKSEINSTELLUNGEN ZURÜCKSETZEN

Stellen Sie beim Zurücksetzen Ihres AirPods auf die Werkseinstellungen sicher, dass sich beide AirPods im Gehäuse befinden, und heben Sie dann den Deckel. Halten Sie anschließend die runde Taste auf der Rückseite des Gehäuses mindestens 15 Sekunden lang gedrückt. Sie können aufhören, wenn Sie sehen, dass ein Licht bernsteinfarben blinkt.

GESTEN

Die Kontrolle Ihrer AirPods basiert vollständig auf Gesten. Um jede dieser Gesten zu aktivieren müssen Sie einfach lange auf den länglichen Stiehl auf dem AirPod Pro drücken. Hier sind die wichtigsten Bewegungen, die Sie kennen sollten:

- Abspielen / Pause – Einmal drücken. Dies funktioniert auch beim Beantworten eingehender Anrufe.
- Lied überspringen – Doppelt drücken.
- Ein Lied zurückgehen – Drücken Sie dreimal.
- Aktivieren Sie den Umgebungsgeräusche ausblenden/ Transparenten Modus – Um zwischen diesen Modi zu wechseln drücken Sie und halten Sie gedrückt, bis Sie ein Geräusch hören.
- Hey, Siri – Siri wird genauso wie andere Apple Geräte aktiviert – Sagen Sie einfach "Hey Siri."

KONTROLLZENTRUM

Wenn Sie mit Ihrem AirPod verbunden sind, können Sie das Gerät auch vom Kontrollzentrum aus kontrollieren (Wischen Sie von der oberen rechten Ecke aus nach unten). Drücken Sie und Halten Sie die Lautstärkekontrolle gedrückt; so wird die Option mit einem Schalter zur Geräuschunterdrückung/ Transparenz aufgerufen.

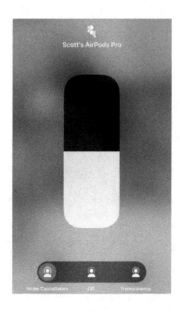

Während der Musikwiedergabe können Sie in der Systemsteuerung daraufklicken und eine Option zum Teilen Ihres Audios aufrufen. Auf diese Weise können Sie mehrere Bluetooth-Geräte mit Ihrem Gerät verbinden, sodass zwei AirPods gleichzeitig verbunden werden können.

EINSTELLUNGEN ÄNDERN

Es gibt eine Reihe von Dingen, die Sie auf den AirPod Pros konfigurieren können, aber Sie müssen diese zunächst mit Ihrem Handy verbinden. Wenn Ihr AirPod auf Ihrem Telefon eingerichtet ist, aber derzeit nicht mit Ihrem Telefon verbunden ist, werden die nächsten Schritte auf Ihrem Gerät nicht angezeigt.

Gehen Sie zunächst auf Einstellungen> Bluetooth. Tippen Sie unter Meine Geräte auf (i) neben „Verbunden".

So werden mehrere Optionen aufgerufen. Wenn Sie das Gerät entkoppeln möchten, wählen Sie beispielsweise „Dieses Gerät vergessen". Wenn Sie es umbenennen möchten, tippen Sie auf den Namen in Grau und benennen Sie ihn dann um.

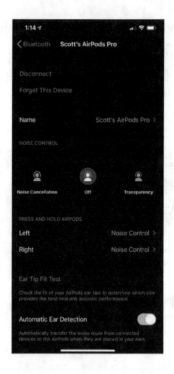

Ich schlage vor, mit der Überprüfung der Passform Ihrer Ohrauf-
sätze zu beginnen, bevor Sie Ihr Gerät überhaupt verwenden (also zu
prüfen, ob das Gerät richtig bei Ihnen ins Ohr passt). Die AirPods sind
ziemlich intelligent und können sicherstellen, dass Sie die Aufsätze auswählen, die am besten zu Ihnen passen. Als ich sie zum ersten Mal be-
nutzte, fühlten sie sich gut an; Ich habe mir nicht einmal die Mühe
gemacht, einen anderen Aufsatz zu versuchen, bis ich den Test durch-
geführt habe.

Drücken Sie auf den blauen „Prüfen Sie Ihre Ohraufsatz Passform"
Test, um zu beginnen.

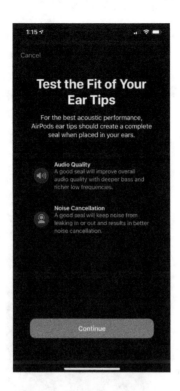

Sobald Sie auf Fortfahren gedrückt haben, werden Sie aufgefordert, jeweils einen AirPod neben jedes Ohr zu halten und auf den Abspielen Knopf zu drücken.

Sie hören ein Lied, das abgespielt wird. Nach einigen Sekunden wird ein Bildschirm mit den Ergebnissen angezeigt. Meine Ergebnisse sagen, dass etwas schiefgelaufen ist. Entweder habe ich die falsche Aufsatzgröße benutzt, ich habe die AirPods nicht genug hineinge-drückt, oder die AirPods sind jeweils im falschen Ohr.

In meinem Fall wusste ich, dass sie richtig eigestellt waren und, dass sie im richtigen Ohr waren. Also probierte ich einen größeren Aufsatz aus. Drücken Sie anschließend erneut die Wiedergabetaste, um den Test auszuführen. Mit den größeren Aufsätzen (in meinem Fall dem mittleren Aufsatz) zeigten die Ergebnisse, dass es sich um die richtige Passform handelte.

ZUGÄNGLICHKEIT

Im Gegensatz zu den normalen AirPod Einstellungen, können Sie die Benutzerzugänglichkeitseinstellungen kontrollieren, ohne sich mit Ihrem AirPod zu verbinden.

Um anzufangen drücken Sie auf Einstellungen < Zugänglichkeit.

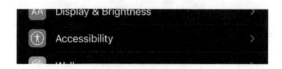

Tippen Sie als Nächstes auf AirPods.

Drücken Sie von hier aus auf Geschwindigkeit und Haltedauer, oder benutzen Sie die Geräuschunterdrückung auch dann, wenn Sie nur einen AirPod im Ohr haben.

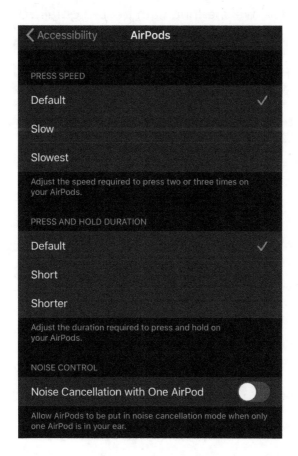

HÖRGERÄT-APPS

AirPods eignen sich hervorragend zum Musikhören, können aber auch als Hörgerät verwendet werden. Der Sinn des AirPod ist sicherlich nicht, ein herkömmliches Hörgerät zu ersetzen, aber das hat eine Reihe von Entwicklern nicht davon abgehalten, Apps zu erstellen, mit denen

Sie sie als solche verwenden können.

Hörgerät-Apps funktionieren tatsächlich mit jedem Bluetooth-Headset. Das kann der teure AirPod Pro oder das billigste Headset sein, das Sie auf einem Flohmarkt finden konnten. Solange Sie es an Ihr iPhone anschließen können, sollte es funktionieren.

Die Apps helfen Ihnen grundsätzlich dabei, bestimmte Geräusche zu verstärken, um das klare Hören zu erleichtern.

Ein beliebtes Beispiel ist TruLink Hearing Control. Es gibt aber auch Dutzende von anderen. Ich würde empfehlen, mehrere auszuprobieren und herauszufinden, welche Ihnen am besten gefällt.

ÜBER DEN AUTOR

Scott La Counte ist ein Bibliothekar und Schriftsteller. Sein erstes Buch, *Quiet, Please: Dispatches from a Public Librarian* (Da Capo 2008) war die Wahl des Redakteurs für die Chicago Tribune und ein Entdecker Titel ("Discovery Title") der Los Angeles Times; im Jahre 2011 wurde sein Jungendbuch mit dem Titel „The N00b Warriors" publiziert, dieses wurde ein #1 Bestseller auf Amazon; sein neuestes Buch trägt den Titel *#OrganicJesus: Finding Your Way to an Unprocessed, GMO-Free Christianity* (Kregel 2016).

Er hat außerdem Dutzende Bestseller über Bedienungsanleitungen und Benutzertipps zu diversen technischen Geräten geschrieben.

Sie können sich mit ihm unter ScottDouglas.org in Verbindung setzen.

www.ingramcontent.com/pod-product-compliance
Lightning Source LLC
LaVergne TN
LVHW081531050326
832903LV00025B/1741